Super Silly STORIES

Jennifer Hahn

Illustrated by
Ken Save

BARBOUR
PUBLISHING, INC.
Uhrichsville, Ohio

© 2000 by Barbour Publishing, Inc.

ISBN 1-57748-832-6

Published by Barbour Publishing, Inc., P.O. Box 719, Uhrichsville, Ohio 44683
http://www.barbourbooks.com

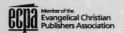

Member of the
Evangelical Christian
Publishers Association

Printed in the United States of America.

Super Silly STORIES

INTRODUCTION

Everyone likes a good story—especially one that makes you laugh till you're out of breath! And that's what *Super Silly Stories* is all about.

These stories *seem* normal enough, with titles like "A Letter from Camp" or "My Birthday." But each one has several blanks for *you* to fill in—and the words you pick may make it the silliest story ever!

First, you'll need to know some "school things" like what a noun is, or an adjective, or other parts of speech. Don't let that scare you! If you need some help on those, check out the "Definitions and Examples" on page 7.

Once you have your parts of speech under control, turn to the first "Word List" page—but don't look ahead. Fill in the blanks, (either by yourself, or better yet, with friends) and *then* turn to the story. Put the words you chose into the right blanks in the story, and see what happens. It'll be silly for sure!

To make some *really* silly stories, pick really good words! If the story asks for an adjective, rather than just saying "big," say "humongous." If it asks for a noun, pick something strange like "meteorite" or "platypus." The more unusual, the better.

Are you ready for a good laugh? Then get to it—*Super Silly Stories* awaits you!

PARTS OF SPEECH—
DEFINITIONS AND EXAMPLES

Noun: A person, place, or thing (teacher, factory, lamp)

Plural noun: More than one person, place, or thing (teachers, factories, lamps)

Verb: An action word (walk, beg, love)

Verb "-ing": An action word that ends with -ing (walking, begging, loving)

Verb "-ed": An action word that ends with -ed (walked, begged, loved)

Adjective: A word that describes a noun (happy, enormous, green)

Place: Any place (Texas, France, Africa)

Liquid: Any liquid (oil, soup, shampoo)

Number: Any number (1; 518; 4,875,926)

Funny word: Any funny-sounding word, real or made-up (bloof, plop, zing)

Exclamation: Any word spoken excitedly (hooray, wow, kazaam)

Name of song: Any song (If You're Happy and You Know It, Old McDonald, This Little Light of Mine)

Name of person: Any person (Natalie, Mrs. Jones, Michael Jordan)

WORD LIST

(adjective) _Messy_

(number) _305_

(adjective) _Blue_

(adjective) _Soaking wet_

(adjective) _Prickly_

(adjective) _spiney_

(noun) _~~cat~~_

(number) _4,000,000_

(verb) _scamper_

(verb) _crashed_

(number) _2_

(verb) _chop_

(adjective) _bare_

A LETTER FROM CAMP

Dear Mom and Dad,

I'm having a _____messy_____ time at camp!
(ADJECTIVE)

My _____305_____ roommates are a lot of fun!
(NUMBER)

At night, we tell _____blue_____ stories and
(ADJECTIVE)

_____Soaking wet_____ jokes before going to sleep.
(ADJECTIVE)

The food is _____prikaly_____. For breakfast,
(ADJECTIVE)

we had _____spiney_____ eggs and
(ADJECTIVE)

_____cat_____. I ate _____4,000,000_____
(NOUN)   (NUMBER)

servings!

During free time, I like to _____scamper_____.
(VERB)

I am also learning how to _____Crash_____!
(VERB)

10

I miss you, but I'll be home in __2__
(NUMBER)
days. I promise I'll __chop__
(VERB)
again soon.

Love,
Your __bare__ child
(ADJECTIVE)

WORD LIST

(adjective) ~~star~~ blue

(adjective) fairy

(verb) hop

(adjective) loby

(noun) ball

(verb) fly

(plural noun) cats

(verb) rotate

(plural noun) leaves

(adjective) spoted

(verb) dig

MIND YOUR MANNERS

Always keep a __blue__ attitude.
(ADJECTIVE)

Be __hairy__ to others.
(ADJECTIVE)

Never __hop__ with your mouth full.
(VERB)

When indoors, use __loud__
(ADJECTIVE)
voices.

Use a __ball__ to __fly__
(NOUN)   (VERB)
your face during mealtime.

14

Keep your **cats** (PLURAL NOUN) to yourself.

Don't **rotate** (VERB) when others are talking.

Share your **leaves** (PLURAL NOUN) with others.

Always use **spotted** (ADJECTIVE) words.

When someone does something kind, **dig** (VERB) them.

WORD LIST

(adjective) _____

(adjective) _____

(number) _____

(number) _____

(adjective) _____

(verb) _____

(plural noun) _____

(verb) _____

(noun) _____

(noun) _____

(noun) _____

(funny word) _____

(exclamation) _____

(adjective) _____

(adjective) _____

A VISIT TO THE DOCTOR

Today I went to the doctor's. I felt a

little ___wet___, and knew I'd feel
  (ADJECTIVE)

___dry___ when it was over.
  (ADJECTIVE)

The nurse told me I weigh ___150___
  (NUMBER)

pounds and am ___300___ inches tall.
  (NUMBER)

She was very ___cold___.
  (ADJECTIVE)

Then, I saw the doctor ___hop___
  (VERB)

through the door. He asked me a few

___pants___, and began to
  (PLURAL NOUN)

___jump___ me.
  (VERB)

18

He listened to my __Bible__ and (NOUN)

checked my __tree__. Then he (NOUN)

told me to open my __paper__ and (NOUN)

say __wowzer__. "__eek!!!__" (FUNNY WORD) (EXCLAMATION)

he said. "Everything looks __windy__. (ADJECTIVE)

You are a very __fiat__ youngster!" (ADJECTIVE)

WORD LIST

(number) 3,907

(noun) bird

(noun) button

(name of person) Ella

(noun) leaf

(verb) jump

(plural noun) balls

(name of song) ~~Twinkle Twinkle~~ ABC

(number) 3,964,361

(verb) _____

(plural noun) _____

(noun) _____

(number) _____

(adjective) _____

(adjective) _____

MY BIRTHDAY

On my birthday, _____2000_____ guests
(NUMBER)

were invited to my party. When they

arrived, we played pin the _____dog_____
(NOUN)

on the _____cat_____. _____Jack_____
(NOUN)   (NAME OF PERSON)

was closest, pinning it on the

_____horse_____.
(NOUN)

Next, I got to _____camp_____ out the
(VERB)

_____chairs_____ on my cake while every
(PLURAL NOUN)

one sang _____jingle bells_____; I extinguished
(NAME OF SONG)

all _____2000_____ of them!
(NUMBER)

After we ate, I got to _____play_____
(VERB)
my _____chickens_____. My favorite one was
(PLURAL NOUN)
the cool _____basketball_____. I've wanted
(NOUN)
one for _____1000_____ years!
(NUMBER)
When the party was over, we were all
_____color_____ and everyone went home.
(ADJECTIVE)
It had been a _____fantastik_____ day.
(ADJECTIVE)

WORD LIST

(place) _Park_

(name of person) _Ella_

(adjective) _purple_

(verb) _run_

(verb) _jump_

(noun) _car_

(number) _300_

(verb) _Drive_

(plural noun) _balls_

(plural noun) _legs_

(plural noun) _____

(adjective) _____

MY DREAM VACATION

If I could go anywhere on vacation, I'd

go to _mcDonalds_. I would take
(PLACE)

stephen and we would fly on a
(NAME OF PERSON)

color airplane.
(ADJECTIVE)

While we were there, we would

camp different kinds of food
(VERB)

and _move_ many different
(VERB)

places. We'd also be sure to swim in the

ocean.
(NOUN)

26

We would spend __2,000,000__ days
(NUMBER)

there, then __run__ back home
(VERB)

with many __birds__ and
(PLURAL NOUN)

__lights__. There would be many
(PLURAL NOUN)

stories to tell our __stars__, and
(PLURAL NOUN)

we would remember our trip for a

__chickn__ time.
(ADJECTIVE)

WORD LIST

(verb) _pour_

(noun) _lampshade_

(noun) _horse_

(noun) _lid_

(verb) _Draw_

(verb) _run_

(noun) _box_

(noun) _Daddy_

(adjective) _wet_

(verb) _drive_

(verb) _blow_

(adjective) _crunchy_

(plural noun) _handles_

29

SAFETY WARNINGS

___pour___ both ways before crossing
(VERB)
the ___lampshade___
(NOUN)
Always fasten your ___horse___ when
(NOUN)
riding in the ___lid___.
(NOUN)
Never ___Draw___ to strangers.
(VERB)
Don't ___Run___ with matches.
(VERB)

30

Wear a _____box_____ when you ride
(NOUN)

your _____Daddy_____.
(NOUN)

Be careful with _____hot_____ knives.
(ADJECTIVE)

Never _____drive_____ outside in a
(VERB)

thunderstorm.

To avoid slipping, always _____blow_____
(VERB)

around the swimming pool.

Be _____crunchy_____ when using electricity.
(ADJECTIVE)

Replace the _____Handles_____ in your smoke
(PLURAL NOUN)

detectors regularly.

WORD LIST

(noun) ___radio___

(verb) ___dance___

(noun) ___cooler___

(liquid) ___Windex___

(noun) ___cheese___

(verb "-ing") ___rowing___

JACK AND JILL

Jack and Jill went up the _hill_
(NOUN)

To _feach_ a _ball_ of
(VERB) (NOUN)

water.
(LIQUID)

Jack fell down

And broke his _crown_,
(NOUN)

And Jill came _tumbling_ after.
(VERB "-ING")

WORD LIST

(adjective) __red__

(noun) __docter__

(plural noun) __dads__

(verb) __~~even~~ drive__

(noun) __dog__

(noun) __bugs__

(verb "-ed") __brushed__

(place) __Park__

THE OLD WOMAN WHO LIVED IN A SHOE

There was an ___red___ woman
(ADJECTIVE)

Who lived in a ___doctor___.
(NOUN)

She had so many ___dads___,
(PLURAL NOUN)

She didn't know what to ___drive___.
(VERB)

36

She gave them some ___dog___,
(NOUN)

Without any ___busg___,
(NOUN)

And ___brushed___ them all soundly
(VERB "-ED")

And sent them to ___park___.
(PLACE)

WORD LIST

(noun) _ball_

(noun) _wall_

(plural noun) _books_

(verb) _crawl_

(plural noun) _grasses_

(verb) _kick_

GEORGIE PORGIE

Georgie Porgie, __ball__ and
__wall__,
(NOUN)
Kissed the __books__ and made
(PLURAL NOUN)
them __crawl__.
(VERB)
When the __grasses__ came out to
(PLURAL NOUN)
__kick__,
(VERB)
Georgie Porgie ran away.

40

WORD LIST

(noun) friend

(plural noun) mama

(noun) shoe

(adjective) red

(name of person) Isabel

(noun) window

(liquid) water

(noun) gum

(adjective) brown

(adjective) purple

(adjective) red

(verb) roll

THE AMUSEMENT PARK

I love going to the amusement park. I
like to ride the ___Freind___. It goes
(NOUN)

so fast, and I put my ___mohs___
(PLURAL NOUN)

high over my ___shoe___.
(NOUN)

Then, it's on to the ___red___
(ADJECTIVE)

cars. It's fun to bump ___Isabel___'s
(NAME OF PERSON)

___Window___.
(NOUN)

When it's hot outside, my favorite ride

is the _water_ slide. I get
(LIQUID)

splashed in the _gum_, and I
(NOUN)

get off looking quite _brown_.
(ADJECTIVE)

The rides are _purple_, and by
(ADJECTIVE)

the end of the day, I feel

red. But I always look
(ADJECTIVE)

forward to when I can _roll_
(VERB)

again!

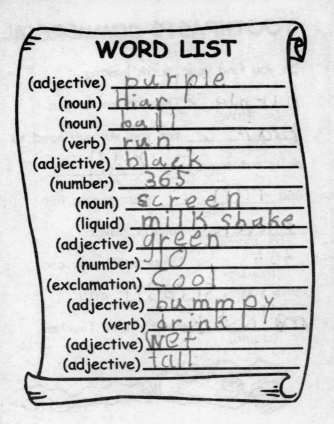

WORD LIST

(adjective) purple
(noun) Hiar
(noun) ball
(verb) run
(adjective) black
(number) 365
(noun) screen
(liquid) milk shake
(adjective) green
(number) 10
(exclamation) Cool
(adjective) bummpy
(verb) drink
(adjective) wet
(adjective) tall

TOOTHPASTE COMMERCIAL

Do you find your teeth looking

___purple___? Then do we have a
(ADJECTIVE)

___Htar___ for you! All you need to
(NOUN)

do is put some on a ___ball___,
(NOUN)

and ___run___ your teeth. For
(VERB)

___black___ results, use it
(ADJECTIVE)

___365___ times each day, and
(NUMBER)

rinse your ___screen___ with
(NOUN)

___milk shake___ when you're finished.
(LIQUID)

We guarantee that your teeth will be looking _green_ in just _10_ days. And on your next trip to the dentist, he will be sure to say, "_cool!_! You have been taking very _bumpy_ care of your teeth!"

We know that you'll _drink_ this toothpaste. Remember, a _wet_ mouth is a _tall_ mouth.

WORD LIST

(adjective) _sunny_

(plural noun) _elephants_

(liquid) _rootbear_

(verb) _sqeak_

(noun) _moon_

(adjective) _wavey_

(noun) _panda_

(noun) _poler bear_

(adjective) _crumbly_

(number) _53_

(adjective) _purple_

(verb) _fall_

(noun) _sandwich_

(verb) _crawl_

(adjective) _slimy_

THE WEATHER FORECAST

Today will be ___Sunny___ with a

(ADJECTIVE)

chance of ___elephants___. We might even

(PLURAL NOUN)

have a few ___rootbear___ showers. If

(LIQUID)

you go out, be sure to ___squeeze___

(VERB)

your ___moon___!

(NOUN)

Tomorrow will be very __wavey__, (ADJECTIVE)
and the __panda__ will be shining. (NOUN)
You might need to wear your
__poler bear__. It will be a __crumbly__ (NOUN) (ADJECTIVE)
day, with the temperature reaching
__53__ degrees. It would be a (NUMBER)
__purple__ day to __fall__ in (ADJECTIVE) (VERB)
the park or ride your __sandwich__. If (NOUN)
you can, get outside and __growl__ (VERB)
the __slimy__ air. (ADJECTIVE)

WORD LIST

(adjective) _haley_

(verb) _swim_

(verb) _bark_

(adjective) _____

(noun) _____

(verb) _____

(noun) _____

(adjective) _____

(noun) _____

(verb) _____

(plural noun) _____

(adjective) _____

(plural noun) _____

(noun) _____

(adjective) _____

(plural noun) _____

(liquid) _____

(adjective) _____

A DAY AT THE BEACH

When going to the beach, you'll want to

wear your _____swim_____ suit so you're
(ADJECTIVE)

ready to _____swim_____. It's important
(VERB)

to _____put_____ on plenty of
(VERB)

_____sun_____ lotion so you don't get a
(ADJECTIVE)

_____sunburn_____.
(NOUN)

You'll want to _____wear_____ sunglasses
(VERB)

to keep the _____sun_____ out of your
(NOUN)

eyes. It's also a _____good_____ idea to
(ADJECTIVE)

take along a _____towel_____ to dry
(NOUN)

yourself off after you _____swim_____.
(VERB)

To protect your ___skin___ from the
(PLURAL NOUN)
___hot___ sand, you may want to
(ADJECTIVE)
wear ___flip flops___.
(PLURAL NOUN)
Don't forget to take a ___tube___
(NOUN)
to float on, a ___beach___ ball, and
(ADJECTIVE)
some fun ___shovels___ to play in the
(PLURAL NOUN)
sand. Drink plenty of ___water___,
(LIQUID)
and above all, have a ___fun___
(ADJECTIVE)
day.

WORD LIST

(noun) Tools

(adjective) Pink

(plural noun) Flags

(noun) apple

(adjective) Sparkle

(noun) paper

(noun) cup

(noun) Table

(adjective) Hairy

(verb) Run

(noun) Card

(plural noun) Shirts

(name of song) Hold Me

(noun) Umbrella

(adjective) Curly

LET'S GO CAMPING!

My family likes to go camping. When we arrive at the camping spot, we pitch the ___Pools___. This can be a

___Pink___ job. We then put our

(NOUN)

(ADJECTIVE)

sleeping ___Flags___ inside.

(PLURAL NOUN)

It's my sister's job to get wood for the

__apple__ (NOUN). When it gets __Sparkly__ (ADJECTIVE),

my mom cooks __paper__ (NOUN) over it.

Usually we eat __Sofa__ (NOUN) and

__Table__ (NOUN). It always tastes

__hairy__ (ADJECTIVE).

When it's dark, we __Run__ (VERB) around

the fire and look up at the __card__ (NOUN)

and __Shirts__ (PLURAL NOUN) in the sky. Sometimes

we sing __hold me__ (NAME OF SONG). Then, it's time

for __Umbrella__ (NOUN).

We always have a __Curly__ (ADJECTIVE) time

camping together as a family!

WORD LIST

(adjective) _____

(verb) _____

(adjective) _____

(adjective) _____

(verb) _____

(noun) _____

(noun) _____

(verb) _____

(noun) _____

(plural noun) _____

(noun) _____

(number) _____

(noun) _____

(verb) _____

(adjective) _____

(adjective) _____

RECESS

When it's time for recess, my class gets

in a _____ line, and we
         (ADJECTIVE)

_____ down the hall and go
      (VERB)

outside to the _____ playground.
                    (ADJECTIVE)

We like going outside, because we can

use _____ voices, and
        (ADJECTIVE)

_____.
      (VERB)

Usually, the boys play _____
                              (NOUN)

or _____ and the girls
        (NOUN)

_____ or play _____.
      (VERB)   (NOUN)

Everyone takes turns swinging on the

_____ or climbing on the
(PLURAL NOUN)

_____.
(NOUN)

After _____ minutes, the
(NUMBER)

teacher blows the _____. We
(NOUN)

_____ and get in a
(VERB)

_____ line to go back inside,
(ADJECTIVE)

looking forward to the next

_____ recess.
(ADJECTIVE)

WORD LIST

(noun) _____

(noun) _____

(adjective) _____

(plural noun) _____

(noun) _____

(plural noun) _____

(adjective) _____

(plural noun) _____

(adjective) _____

(noun) _____

(adjective) _____

(adjective) _____

(adjective) _____

(adjective) _____

(noun) _____

(noun) _____

(noun) _____

ON THE MENU

Grilled _____ sandwich with
          (NOUN)

_____ soup
    (NOUN)

_____ dog and French
    (ADJECTIVE)

_____
   (PLURAL NOUN)

_____ salad sandwich
    (NOUN)

Chicken _____ and _____
          (PLURAL NOUN)   (ADJECTIVE)

sauce

Spaghetti with _____ and
        (PLURAL NOUN)

_____ bread
    (ADJECTIVE)

Macaroni and _____
            (NOUN)

_____ cheeseburger with
    (ADJECTIVE)

_____ chips
    (ADJECTIVE)

_____ ravioli
    (ADJECTIVE)

Turkey with _____ potatoes
              (ADJECTIVE)

and _____
        (NOUN)

For dessert, try the _____ cake
                        (NOUN)

or _____ pie with ice cream.
        (NOUN)

WORD LIST

(verb) _____

(verb) _____

(verb) _____

(noun) _____

(noun) _____

(plural noun) _____

(adjective) _____

(noun) _____

(noun) _____

(noun) _____

(verb) _____

(verb) _____

(adjective) _____

(noun) _____

RULES OF THE ROAD

Always _____ at a _____
        (VERB)   (VERB)
sign.

Be sure to _____ the
             (VERB)
_____ limit.
   (NOUN)

Use your _____ signal when
           (NOUN)
making a turn.

When it's dark, drive with your

_____ on.
(PLURAL NOUN)

Keep a _____ distance between
        (ADJECTIVE)
your _____ and the one in
       (NOUN)
front of you.

70

Turn on the _____
(NOUN)
wipers when driving in the _____.
(NOUN)
When a traffic light is green, _____.
(VERB)
When it's red, _____. When
(VERB)
the light is _____, slow down.
(ADJECTIVE)
Always wear your _____ belt.
(NOUN)

WORD LIST

(noun) _road_

(noun) _peanut_

(noun) _sofa_

(verb "-ed") _raced_

(noun) _____

(adjective) _____

(noun) _____

(verb "-ed") _____

(noun) _____

(noun) _____

HEY DIDDLE, DIDDLE

Hey diddle, diddle,

The _____ and the _____,
        (NOUN)   (NOUN)

The _____ _____
      (NOUN)   (VERB "-ED")

over the _____;
        (NOUN)

The _____ _____
   (ADJECTIVE)   (NOUN)

_____
(VERB "-ED")

To see such sport,

And the _____ ran away with
       (NOUN)

the _____.
    (NOUN)

WORD LIST

(adjective) _____

(noun) _____

(verb) _____

(noun) _____

(noun) _____

(noun) _____

TWINKLE, TWINKLE, LITTLE STAR

Twinkle, twinkle, _____
(ADJECTIVE)

_____,
(NOUN)

How I _____ what you are!
(VERB)

Up above the _____ so high,
(NOUN)

Like a _____ in the
(NOUN)

WORD LIST

(verb) _____

(verb) _____

(verb) _____

(verb) _____

(adjective) _____

(noun) _____

(noun) _____

(verb) _____

(noun) _____

(verb) _____

(adjective) _____

(plural noun) _____

(verb) _____

THINGS I DO TO HELP AROUND THE HOUSE

_____ my room and _____
(VERB)   (VERB)

my bed.

Help _____ dinner.
(VERB)

_____ the _____ dishes
(VERB)   (ADJECTIVE)

and put them in the _____.
(NOUN)

Take out the _____.
(NOUN)

_____ the car.
(VERB)

Take the _____ for a walk.
(NOUN)

_____ the _____
(VERB)   (ADJECTIVE)

laundry.

Vacuum the _____.
(PLURAL NOUN)

_____ the furniture.
(VERB)

79

WORD LIST

(adjective) _____

(verb "-ed") _____

(noun) _____

(verb "-ing") _____

(plural noun) _____

(noun) _____

(noun) _____

(verb "-ed") _____

LITTLE MISS MUFFET

_____ Miss Muffet
(ADJECTIVE)

_____ on a _____,
(VERB "-ED")   (NOUN)

_____ her _____ and
(VERB "-ING")   (PLURAL NOUN)

_____;
(NOUN)

Along came a _____,
(NOUN)

Who sat down beside her,

And _____ Miss Muffet away.
(VERB "-ED")

82

WORD LIST

(noun) _____

(noun) _____

(noun) _____

(number) _____

(noun) _____

HICKORY, DICKORY, DOCK

Hickory, dickory, dock,

The _____ ran up the
       (NOUN)

_____.
(NOUN)

The _____ struck _____,
   (NOUN)   (NUMBER)

The _____ ran down,
   (NOUN)

Hickory, dickory, dock.

WORD LIST

(noun) _____

(adjective) _____

(noun) _____

(verb) _____

(adjective) _____

(adjective) _____

(verb) _____

(adjective) _____

(funny word) _____

(noun) _____

(verb) _____

(noun) _____

(adjective) _____

IF I WERE A SUPERHERO...

If I were a superhero, my name would be

Super ___dog___ (NOUN). I would wear a

___super___ (ADJECTIVE) ___hood___ (NOUN), and

would ___go___ (VERB) really fast! I'd have

___sweet___ (ADJECTIVE) vision, and ___salty___ (ADJECTIVE)

muscles so that I could ___cut___ (VERB)

___scared___ (ADJECTIVE) things if I needed to.

When people saw me they'd shout,

"___fatty___ (FUNNY WORD)! Our ___hero___ (NOUN) is

here!"

"Yes," I'd answer. "I want to
_____thank_____ people, and make the
   (VERB)
_____city_____ a _____safe_____ place
   (NOUN)   (ADJECTIVE)
to live!"

WORD LIST

(name of person) _____

(adjective) _____

(name of place) _____

(adjective) _____

(adjective) _____

(noun) _____

(plural noun) _____

(noun) _____

(number) _____

(plural noun) _____

(plural noun) _____

(adjective) _____

(verb) _____

(adjective) _____

(noun) _____

A VACATION POSTCARD

Dear ___Jonathan___,
    (NAME OF PERSON)

I'm having a ___stupid___ vacation!
    (ADJECTIVE)

___Disney___ is a ___crazy___ place,
(NAME OF PLACE)   (ADJECTIVE)

and we have had ___ugly___ weather.
    (ADJECTIVE)

The ___roller coaster___ has been shining every
    (NOUN)

day!

I've bought some __Basketballs__ on our
(PLURAL NOUN)

trip, and even got a cool __football__
(NOUN)

for you. I've taken at least __~~the~~ 20__
(NUMBER)

pictures of interesting __schoolbuses__ and
(PLURAL NOUN)

__helmets__ .
(PLURAL NOUN)

I have tried some __stinky__ food,
(ADJECTIVE)

too. I'll tell you all about it when I

__lick__ you.
(VERB)

Have a __amazing__ day!
(ADJECTIVE)

Your __momma__ always.
(NOUN)

WORD LIST

(verb) _____

(noun) _____

(number) _____

(verb) _____

(adjective) _____

(noun) _____

(noun) _____

(plural noun) _____

(verb) _____

(noun) _____

(number) _____

(number) _____

(verb) _____

(adjective) _____

(verb) _____

HOW TO MAKE A PIZZA

To make a pizza, you first need to

_____ the dough in a _____.
　　(VERB)　　　　　　　　　　　　　　　(NOUN)

Next, spread _____ cups of sauce
　　　　　　　　　　(NUMBER)

on top. After that, _____
　　　　　　　　　　　　　　(VERB)

_____ sauce over the pizza.
　(ADJECTIVE)

Finally, add your favorite toppings, like

_____, _____, and
　(NOUN)　　　　　　　　(NOUN)

_____.
(PLURAL NOUN)

When you've put everything on that you'd like, _____ it in the
(VERB)

_____ at _____ degrees
(NOUN)   (NUMBER)

for _____ minutes. Allow it to
(NUMBER)

cool for a few minutes, then

_____ your _____ pizza.
(VERB)   (ADJECTIVE)

Your family will _____ you!
(VERB)

WORD LIST

(adjective) _____

(number) _____

(number) _____

(adjective) _____

(adjective) _____

(number) _____

(number) _____

(noun) _____

(noun) _____

(noun) _____

(noun) _____

(adjective) _____

(noun) _____

OUR NEW HOUSE

My family just moved into our new house.

It is very _____, with
(ADJECTIVE)

_____ bedrooms, _____
(NUMBER)   (NUMBER)

bathrooms, and a _____
(ADJECTIVE)

kitchen. My bedroom is _____
(ADJECTIVE)

with _____ windows and
(NUMBER)

_____ doors. I'm glad I don't
(NUMBER)

have to share one with my _____
(NOUN)

anymore!

There is lots of _____ in the
(NOUN)

backyard, and a _____ where I
(NOUN)

can ride my _____.
(NOUN)

I'm sure I'll make _____ friends
(ADJECTIVE)

here, and hope they like to play

_____ as much as I do!
(NOUN)

WORD LIST

(noun) _____

(adjective) _____

(adjective) _____

(noun) _____

(adjective) _____

(noun) _____

(noun) _____

(verb) _____

(verb) _____

(plural noun) _____

(noun) _____

(noun) _____

(adjective) _____

(noun) _____

THANKSGIVING

On Thanksgiving, my relatives come to our

_____ for a _____
     (NOUN)   (ADJECTIVE)

dinner. Mom makes a _____
                              (ADJECTIVE)

meal. We have _____ with
                 (NOUN)

stuffing, _____ potatoes with
            (ADJECTIVE)

_____, cranberry _____,
  (NOUN)   (NOUN)

and lots more! We all _____ and
                         (VERB)

_____ during dinner.
   (VERB)

When everyone's finished, usually the

women wash the _____, and the
(PLURAL NOUN)

men watch _____ on television.
(NOUN)

We kids usually play _____
(NOUN)

outside.

Thanksgiving is always _____.
(ADJECTIVE)

I'm so thankful for my _____.
(NOUN)

WORD LIST

(adjective) _fat_

(adjective) _green_

(noun) _glove_

(noun) _shoe_

(verb) _toot_

(verb) _burp_

(verb) _bark_

I'M A LITTLE TEAPOT

I'm a little teapot,

_____fat_____ and _____green_____;
　(ADJECTIVE)　　　　　　　(ADJECTIVE)

Here is my _____glove_____.
　　　　　　　　(NOUN)

Here is my _____shoe_____.
　　　　　　　　(NOUN)

When I get all steamed up,

Hear me _____toot_____.
　　　　　　(VERB)

"_____Burp_____ me over and _____bark_____
　　(VERB)　　　　　　　　　　　(VERB)

me out!"

WORD LIST

(adjective) _____

(adjective) _____

(noun) _____

(noun) _____

(noun) _____

(noun) _____

(noun) _____

(adjective) _____

(adjective) _____

(noun) _____

THE ITSY BITSY SPIDER

The _____ _____
       (ADJECTIVE)   (ADJECTIVE)

spider climbed up the _____,
                      (NOUN)

Down came the _____ and
             (NOUN)

washed the _____ out;
          (NOUN)

Out came the _____ and dried
           (NOUN)

up all the _____,
        (NOUN)

And the _____ _____
       (ADJECTIVE)   (ADJECTIVE)

spider climbed up the _____
                    (NOUN)

again.

WORD LIST

(noun)_____

(noun)_____

(verb)_____

(verb)_____

(noun)_____

(name of person)_____

PAT-A-CAKE, PAT-A-CAKE

Pat-a-cake, pat-a-cake,

Baker's _____,
(NOUN)

Bake me a _____
(NOUN)

As fast as you can!

_____ it and _____ it
(VERB)   (VERB)

And mark it with 'B',

And put it in the _____
(NOUN)

For _____ and me.
(NAME OF PERSON)

WORD LIST

(adjective) _____

(verb) _____

(plural noun) _____

(verb) _____

(adjective) _____

(verb) _____

(adjective) _____

(noun) _____

(verb) _____

(noun) _____

(adjective) _____

(noun) _____

(adjective) _____

(adjective) _____

WINTER FUN

When it snows, there are lots of

_____ things to do outside.
(ADJECTIVE)

It's fun to _____ down the
(VERB)

biggest hill we can find on our

_____. Sometimes we even
(PLURAL NOUN)

_____ each other.
(VERB)

I also like to go _____ skating
(ADJECTIVE)

at the rink. I usually _____ a
(VERB)

lot, but I always have a _____
(ADJECTIVE)

time.

My dad and I enjoy _____ fights.
(NOUN)

We _____ them as hard as we
(VERB)

can. One time, I hit him on the side of

his _____!
(NOUN)

No matter what we do, at the end of a

_____ day playing in the
(ADJECTIVE)

_____, it's always nice to have
(NOUN)

a _____ cup of _____
(ADJECTIVE)   (ADJECTIVE)

chocolate.

WORD LIST

(adjective)_____

(noun)_____

(verb)_____

(noun)_____

(name of person)_____

(number)_____

(plural noun)_____

(plural noun)_____

(noun)_____

(adjective)_____

(adjective)_____

(adjective)_____

(adjective)_____

(adjective)_____

MY HOBBIES

I have several hobbies that I enjoy. On

_____ days, I like to fly my
(ADJECTIVE)

_____. I get it flying high and
(NOUN)

watch it _____ through the
(VERB)

sky.

I also like to ride my _____.
(NOUN)

Sometimes _____ and I ride
(NAME OF PERSON)

together. The farthest distance we've

traveled is _____ miles. We're
(NUMBER)

always sure to wear our _____
(PLURAL NOUN)

to protect our _____.
(PLURAL NOUN)

I have a _____ collection, too.
(NOUN)

It's always fun to find _____
(ADJECTIVE)

items to add to my collection.

It's important to have _____
(ADJECTIVE)

hobbies. They can make you feel

_____ after a _____
(ADJECTIVE)   (ADJECTIVE)

day, or just be a _____ way to
(ADJECTIVE)

spend your free time.

WORD LIST

(noun) _____

(adjective) _____

(adjective) _____

(verb) _____

(number) _____

(name of song) _____

(adjective) _____

(adjective) _____

(adjective) _____

(number) _____

(verb) _____

(adjective) _____

(adjective) _____

MUSIC LESSONS

I am learning how to play the

_____. It is a _____
(NOUN)   (ADJECTIVE)

instrument, and very _____ to
                              (ADJECTIVE)

learn. Each day, I _____
                          (VERB)

_____ minutes. For my recital,
(NUMBER)

I will play _____. My sister
              (NAME OF SONG)

says it sounds _____, but I
                    (ADJECTIVE)

think it sounds _____.
                      (ADJECTIVE)

My music teacher is very _____.
(ADJECTIVE)

She gives me _____ new songs
(NUMBER)

to learn each week and reminds me to

_____ a lot. She says that if I
(VERB)

keep practicing, I will become a

_____ musician. Just think how
(ADJECTIVE)

_____ that will be!
(ADJECTIVE)

WORD LIST

(adjective) _____

(name of place) _____

(adjective) _____

(name of place) _____

(adjective) _____

(noun) _____

(adjective) _____

(adjective) _____

(exclamation) _____

THIS LITTLE PIGGY

This _____ piggy went to
        (ADJECTIVE)

_____,
(NAME OF PLACE)

This _____ piggy stayed at
        (ADJECTIVE)

_____,
(NAME OF PLACE)

This _____ piggy had roast
        (ADJECTIVE)

_____,
(NOUN)

This _____ piggy had none,
        (ADJECTIVE)

And this _____ piggy cried
            (ADJECTIVE)

_____
(EXCLAMATION)

All the way home.

WORD LIST

(noun) _____

(noun) _____

(verb) _____

(adjective) _____

(adjective) _____

PETER, PETER, PUMPKIN EATER

Peter, Peter, _____ eater,
(NOUN)

Had a _____ and couldn't
(NOUN)

_____ her,
(VERB)

He put her in a _____ shell,
(ADJECTIVE)

And there he kept her very _____.
(ADJECTIVE)

WORD LIST

(verb) _____

(verb) _____

(plural noun) _____

(verb) _____

(liquid) _____

(verb) _____

(noun) _____

(plural noun) _____

(noun) _____

(plural noun) _____

(verb) _____

(verb) _____

(plural noun) _____

(adjective) _____

(adjective) _____

(adjective) _____

(adjective) _____

IN THE GARDEN

Each year, we _____ a garden.
                        (VERB)

When the soil is ready, we _____
                                    (VERB)

the _____ in the dirt and
        (PLURAL NOUN)

_____ them. Next, we sprinkle
    (VERB)

them with _____.
                (LIQUID)

The seeds soon _____, reaching
                        (VERB)

up toward the _____.
                    (NOUN)

128

The small, green _____ need
(PLURAL NOUN)

sunshine and _____ to
(NOUN)

grow. _____ begin to grow
(PLURAL NOUN)

around the plants, so we have to

_____ them.
(VERB)

Finally, it's time to _____ the
(VERB)

ripe _____. We have _____
(PLURAL NOUN)   (ADJECTIVE)

carrots, _____ tomatoes, and
(ADJECTIVE)

many other _____ vegetables.
(ADJECTIVE)

Food from the garden always tastes

_____!
(ADJECTIVE)

WORD LIST

(verb) _____

(adjective) _____

(noun) _____

(noun) _____

(plural noun) _____

(plural noun) _____

(noun) _____

(adjective) _____

(noun) _____

(noun) _____

(noun) _____

(adjective) _____

(verb) _____

(plural noun) _____

PICNIC

When going on a picnic, be sure to

_____ some _____ food.
   (VERB)   (ADJECTIVE)

You could pack some _____ and
                        (NOUN)

_____ sandwiches, potato
   (NOUN)

_____, baked _____,
 (PLURAL NOUN)   (PLURAL NOUN)

_____ cookies, and _____
  (NOUN)   (ADJECTIVE)

tea.

Pack all of the food inside a

_____, and take along a
    (NOUN)

_____ to sit on. You may even
    (NOUN)

want to take a _____ to play
             (NOUN)

with.

Find a _____ place for your
    (ADJECTIVE)

picnic. _____ your meal, being
    (VERB)

careful that no _____ crawl into
    (PLURAL NOUN)

your food and ruin your picnic!

WORD LIST

(plural noun) _____

(noun) _____

(adjective) _____

(noun) _____

(noun) _____

(adjective) _____

(adjective) _____

(noun) _____

(adjective) _____

(verb) _____

(plural noun) _____

(noun) _____

(noun) _____

(noun) _____

CLASSIC SONGS

_____ Keep Falling on My
(PLURAL NOUN)

_____
(NOUN)

_____ McDonald Had a _____
(ADJECTIVE)   (NOUN)

London _____ is Falling Down
(NOUN)

This _____ Man
(ADJECTIVE)

Mary Had a _____
(ADJECTIVE)

_____
(NOUN)

If You're _____ and You Know
(ADJECTIVE)

It, _____ Your _____
(VERB)   (PLURAL NOUN)

Row, Row, Row Your _____
(NOUN)

Pop Goes the _____
(NOUN)

Ring around the _____
(NOUN)

WORD LIST

(adjective) _____

(adjective) _____

(plural noun) _____

(number) _____

(adjective) _____

(adjective) _____

(adjective) _____

(noun) _____

(noun) _____

(noun) _____

(number) _____

(plural noun) _____

(number) _____

CLASSIC STORIES

_____ _____ Riding
   (ADJECTIVE)   (ADJECTIVE)
Hood

The Three Little _____
                    (PLURAL NOUN)

Goldilocks and the _____ Bears
                        (NUMBER)

_____ Beauty
   (ADJECTIVE)

The _____ Mouse and the
(ADJECTIVE)

_____ Mouse
(ADJECTIVE)

Jack and the _____
(NOUN)

The Gingerbread _____
(NOUN)

The Princess and the _____
(NOUN)

Snow White and the _____
(NUMBER)

_____
(PLURAL NOUN)

The _____ Musketeers
(NUMBER)

WORD LIST

(adjective) _____

(noun) _____

(verb) _____

(noun) _____

(verb) _____

(adjective) _____

(adjective) _____

(noun) _____

(adjective) _____

(adjective) _____

(plural noun) _____

(verb) _____

(noun) _____

(noun) _____

141

HELPING WITH MY BABY BROTHER

I help take care of my baby brother.

When he's _____, I put milk in
           (ADJECTIVE)

a _____ for him. After he's
      (NOUN)

done, I _____ him by patting
              (VERB)

him on his _____.
               (NOUN)

Sometimes Mom asks me to _____
                              (VERB)

his _____ diaper. That can be
      (ADJECTIVE)

a _____ job!
      (ADJECTIVE)

At night, I help give him a _____.
                               (NOUN)

We make sure the water isn't too

_____ or too _____.
   (ADJECTIVE)   (ADJECTIVE)

After his bath, we put his _____
(PLURAL NOUN)

on him.

Before he goes to bed, I _____
(VERB)

with him, or read him a _____.
(NOUN)

Mom puts him in the _____ and
(NOUN)

we say goodnight.

WORD LIST

(noun) _____

(noun) _____

(noun) _____

(noun) _____

(adjective) _____

(noun) _____

LITTLE JACK HORNER

Little Jack Homer

Sat in a ___corner___.
(NOUN)

Eating a ___blueberry___ pie;
(NOUN)

He put in his ___thumb___.
(NOUN)

And pulled out a ___plum___,
(NOUN)

And said, "What a _____
(ADJECTIVE)

_____ am I!"
(NOUN)

WORD LIST

(adjective) _____

(adjective) _____

(adjective) _____

(adjective) _____

(noun) _____

(noun) _____

(plural noun) _____

(number) _____

OLD KING COLE

Old King Cole

Was a _____ _____ soul,
　　　(ADJECTIVE)　　　(ADJECTIVE)

And a _____ _____
　　　(ADJECTIVE)　　　(ADJECTIVE)

soul was he;

He called for his _____,
　　　　　　　　(NOUN)

And he called for his _____,
　　　　　　　　　(NOUN)

And he called for his _____
　　　　　　　　　(PLURAL NOUN)

_____.
　(NUMBER)

WORD LIST

(verb "-ed")_____

(noun)_____

(adjective)_____

(noun)_____

(plural noun)_____

(plural noun)_____

HUMPTY DUMPTY

Humpty Dumpty _____ on a
        (VERB "-ED")
_____.
   (NOUN)
Humpty Dumpty had a _____
                        (ADJECTIVE)
_____.
   (NOUN)
All the king's _____,
                  (PLURAL NOUN)
And all the king's _____,
                      (PLURAL NOUN)
Couldn't put Humpty together again.

WORD LIST

(verb) _____

(noun) _____

(noun) _____

(noun) _____

(noun) _____

(noun) _____

(noun) _____

(plural noun) _____

(noun) _____

LITTLE BOY BLUE

Little Boy Blue,

Come _____ your _____,
       (VERB)   (NOUN)

The _____'s in the
       (NOUN)

_____,
  (NOUN)

The _____'s in the
       (NOUN)

_____.
  (NOUN)

But where is the _____
                (NOUN)

Who looks after the _____?
                (PLURAL NOUN)

He's under a _____,
           (NOUN)

Fast asleep.

WORD LIST

(noun) _____

(verb) _____

(adjective) _____

(noun) _____

(noun) _____

(adjective) _____

(adjective) _____

OLD MOTHER HUBBARD

Old Mother Hubbard

Went to the _____,
(NOUN)

To _____ her _____ dog
(VERB) (ADJECTIVE)

a _____.
(NOUN)

When she got there,

The _____ was _____,
(NOUN) (ADJECTIVE)

And so the _____ dog had none.
(ADJECTIVE)

WORD LIST

(adjective) _____

(noun) _____

(adjective) _____

(adjective) _____

(verb) _____

(name of person) _____

(verb) _____

(adjective) _____

(name of person) _____

(adjective) _____

(number) _____

CLASSIC GAMES

_____ Rover
(ADJECTIVE)

Duck, Duck, _____
(NOUN)

_____ Light, _____
(ADJECTIVE)   (ADJECTIVE)
Light

_____ the Can
(VERB)

_____, May I
(NAME OF PERSON)

_____ the Leader
(VERB)

_____ **Tag**
(ADJECTIVE)

_____ **Says**
(NAME OF PERSON)

_____ **Football**
(ADJECTIVE)

_____ **Square**
(NUMBER)

158

WORD LIST

(adjective) _____

(noun) _____

(plural noun) _____

(adjective) _____

(plural noun) _____

(adjective) _____

(plural noun) _____

(plural noun) _____

(plural noun) _____

(plural noun) _____

(adjective) _____

(plural noun) _____

(verb) _____

(adjective) _____

(adjective) _____

CHRISTMAS

Christmas is a _____ holiday,
(ADJECTIVE)
and there is lots to do to get ready!

Many people get a Christmas

_____, and decorate it with
(NOUN)

_____ and _____
(PLURAL NOUN)   (ADJECTIVE)

_____. This can be something
(PLURAL NOUN)

_____ that the family does
(ADJECTIVE)
together.

Some families bake _____
(PLURAL NOUN)

together. These can be cut out in shapes

of _____ or _____.
(PLURAL NOUN)   (PLURAL NOUN)

It's nice to share them with

_____.
(PLURAL NOUN)

On Christmas morning, children wake up

very _____. It's a good tradition
(ADJECTIVE)

to read the Christmas story before

opening _____. Be sure to
(PLURAL NOUN)

_____ those who give them to
(VERB)

you! Christmas is a _____ day,
(ADJECTIVE)

and many children go to bed feeling quite

_____. Through all of the fun,
(ADJECTIVE)

be sure to remember the true meaning of

the day!

WORD LIST

(adjective) _____

(adjective) _____

(plural noun) _____

(adjective) _____

(adjective) _____

(verb) _____

(verb) _____

(noun) _____

(noun) _____

(verb) _____

(noun) _____

(noun) _____

(adjective) _____

(adjective) _____

(plural noun) _____

(adjective) _____

SUMMER FUN

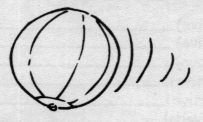

Summer months are _____!
(ADJECTIVE)

There's no school, and it's _____
(ADJECTIVE)

enough outside to wear _____.
(PLURAL NOUN)

On _____ days, it's fun to go
(ADJECTIVE)

to the _____ pool. I love to
(ADJECTIVE)

_____ and _____ off
(VERB)   (VERB)

the diving _____.
(NOUN)

I also like to go the _____ and
             (NOUN)

_____ on the playground, ride
   (VERB)

my _____, or throw a
       (NOUN)

_____ with my friends.
    (NOUN)

When it gets _____ outside, I
               (ADJECTIVE)

catch _____ bugs and listen to
          (ADJECTIVE)

the _____ chirping.
       (PLURAL NOUN)

The summer months are my _____
                              (ADJECTIVE)

ones!

WORD LIST

(plural noun) _____

(plural noun) _____

(plural noun) _____

(liquid) _____

(verb) _____

(verb) _____

(plural noun) _____

(adjective) _____

(plural noun) _____

(noun) _____

(adjective) _____

(plural noun) _____

(adjective) _____

(adjective) _____

GETTING READY FOR BED

"Time for bed!" Dad says. "Please put

away your _____ and
 (PLURAL NOUN)

_____, and I'll get you a snack
 (PLURAL NOUN)

of _____ and _____."
 (PLURAL NOUN)   (LIQUID)

When I'm finished, I _____
 (VERB)

upstairs. I go into the bathroom to

_____ my face and brush my
 (VERB)

_____. When I am
 (PLURAL NOUN)

_____, I go to my room and
 (ADJECTIVE)

put on my _____.
 (PLURAL NOUN)

Finally, I crawl into my _____,
                                    (NOUN)

feeling quite _____. After I
                    (ADJECTIVE)

pray, I pull up the _____,
                        (PLURAL NOUN)

ready for a _____ night's
                (ADJECTIVE)

sleep, and _____ dreams.
                (ADJECTIVE)

WORD LIST

(noun) _____

(number) _____

(plural noun) _____

(number) _____

(noun) _____

(number) _____

(noun) _____

(number) _____

(adjective) _____

(noun) _____

(noun) _____

BAA, BAA, BLACK SHEEP

Baa, baa, black sheep,

Have you any _____?
(NOUN)

Yes, sir, yes, sir,

_____ _____ full.
(NUMBER) (PLURAL NOUN)

_____ for the _____,
(NUMBER) (NOUN)

And _____ for the _____,
(NUMBER) (NOUN)

And _____ for the _____
(NUMBER) (ADJECTIVE)

_____
(NOUN)

Who lives down the _____.
(NOUN)

WORD LIST

(adjective) _____

(noun) _____

(verb) _____

(adjective) _____

(adjective) _____

(adjective) _____

(plural noun) _____

MARY, MARY, QUITE CONTRARY

Mary, Mary, quite _____,
(ADJECTIVE)

How does your _____
(NOUN)

_____?
(VERB)

With _____ bells and
(ADJECTIVE)

_____ shells
(ADJECTIVE)

And _____ _____ all
(ADJECTIVE)   (PLURAL NOUN)

in a row.

WORD LIST

(noun) _____

(noun) _____

(noun) _____

(verb) _____

(noun) _____

(noun) _____

(verb) _____

(noun) _____

(noun) _____

ROCK-A-BYE, BABY

Rock-a-bye, baby, on the _____
(NOUN)
top;

When the _____ blows, the
(NOUN)

_____ will _____;
(NOUN)   (VERB)

When the _____ breaks, the
(NOUN)

_____ will _____;
(NOUN)   (VERB)

Down will come _____,
(NOUN)

_____ and all.
(NOUN)

WORD LIST

(adjective) _____

(plural noun) _____

(verb) _____

(verb) _____

(verb) _____

(verb "-ing") _____

(plural noun) _____

LITTLE BO-PEEP

_____ Bo-Peep has lost her
(ADJECTIVE)

_____,
(PLURAL NOUN)

And doesn't know where to _____
(VERB)

them.

_____ them along, and they'll
(VERB)

_____ home
(VERB)

_____ their _____
(VERB "-ING")   (PLURAL NOUN)

behind them.

WORD LIST

(plural noun) _____

(plural noun) _____

(number) _____

(liquid) _____

(number) _____

(noun) _____

(noun) _____

(verb "-ing") _____

(verb "-ing") _____

(verb "-ing") _____

(plural noun) _____

(number) _____

HOW TO STAY HEALTHY

To stay healthy, you should:

1. Eat plenty of _____ and

   _____.
   (PLURAL NOUN)
   (PLURAL NOUN)

2. Drink at least _____ glasses of
   (NUMBER)

   _____ each day.
   (LIQUID)

3. Brush your teeth _____ times each day.
   (NUMBER)

4. Turn on the _____ while reading.
   (NOUN)

5. Limit the amount of time watching

   _____.
   (NOUN)

6. Get exercise. This can include _____,
   (VERB "-ING")

   _____, _____.
   (VERB "-ING")   (VERB "-ING")

7. Wash your _____ often.
   (PLURAL NOUN)

8. Get at least _____ hours of sleep
   (NUMBER)

   each night.

WORD LIST

(adjective) _____

(verb) _____

(adjective) _____

(verb) _____

(number) _____

(verb) _____

(plural noun) _____

(adjective) _____

(verb) _____

(adjective) _____

(exclamation) _____

(adjective) _____

(adjective) _____

(noun) _____

(noun) _____

RAINY DAYS

On rainy days, I like to find something

_____ to do. Although I'd rather
(ADJECTIVE)

_____ outside, there are some
(VERB)

fun things to do inside.

I like to choose a _____ book to
(ADJECTIVE)

_____. I have at least
(VERB)

_____ to choose from!
(NUMBER)

Sometimes I _____ on the
(VERB)

computer. I can play _____, or
(PLURAL NOUN)

I can look up some _____ facts
(ADJECTIVE)

and information.

I also like to _____ pictures.
(VERB)

Mom and Dad say that I'm a

_____ artist, and when they see
(ADJECTIVE)

my finished picture, they say,

"_____! You are quite talented!"
(EXCLAMATION)

It's always fun when Mom or Dad makes

me something _____ to eat. My
(ADJECTIVE)

favorite rainy day meal is _____
(ADJECTIVE)

_____ sandwiches and
(NOUN)

_____ soup.
(NOUN)

WORD LIST

(name of song) _____

(adjective) _____

(number) _____

(name of person) _____

(verb) _____

(name of person) _____

(name of song) _____

(noun) _____

(adjective) _____

(adjective) _____

(number) _____

(adjective) _____

THE TALENT SHOW

Each year, our school has a talent show.

This year, I will be singing _____.
(NAME OF SONG)

It is a _____ song, and I have
(ADJECTIVE)

been practicing it for _____ weeks!
(NUMBER)

My friend _____ will _____
(NAME OF PERSON)   (VERB)

a poem, and _____ will be playing
(NAME OF PERSON)

_____ on the _____. During
(NAME OF SONG)   (NOUN)

practice, it sounded _____!
(ADJECTIVE)

We all feel a little bit _____,
(ADJECTIVE)

because there will be at least _____
(NUMBER)

people there. But we will do our best, and

it will be a _____ talent show.
(ADJECTIVE)

WORD LIST

(name of person) _____

(number) _____

(number) _____

(adjective) _____

(noun) _____

(noun) _____

(verb) _____

(number) _____

(noun) _____

(noun) _____

(adjective) _____

(adjective) _____

BASEBALL

My favorite sport is baseball. I think

_____ is the best player!
(NAME OF PERSON)

I am on a team with _____ other
                              (NUMBER)

players. We play _____ games
                          (NUMBER)

each week. We always have

a _____ time together.
      (ADJECTIVE)

At our last game, I took my

_____ and stepped up to home
(NOUN)

_____ . I was ready to
(NOUN)

_____ the ball out of the park!
(VERB)

I was disappointed when I heard the

umpire call, "Strike _____!"
(NUMBER)

But my _____ told me that I
(NOUN)

did my best, and that's what is

important.

After the game, we all went out to eat

_____ . We had a _____
(NOUN)   (ADJECTIVE)

time, and I went home feeling quite

_____ .
(ADJECTIVE)

AWESOME BOOKS FOR KIDS!

The Young Reader's Christian Library
Action, Adventure, and Fun Reading!

This series for young readers ages 8 to 12 is action-packed, fast-paced, and Christ-centered! With exciting illustrations on every other page following the text, kids won't be able to put these books down! Over 100 illustrations per book. All books are paperbound. The unique size (4 ⅛" x 5 ⅜") makes these books easy to take anywhere!

A Great Selection to Satisfy All Kids!

Abraham Lincoln
Billy Graham
Christopher
   Columbus
Clara Barton
Corrie ten Boom
Daniel
David
David Livingstone
Deborah
Elijah
Esther

Florence
   Nightingale
Harriet Tubman
Hudson Taylor
In His Steps
Jesus
Jim Elliot
Joseph
Little Women
Luis Palau
Lydia
Mary, Mother of
   Jesus

Miriam
Moses
Noah
Paul
Peter
The Pilgrim's
   Progress
Roger Williams
Ruth
Samuel
Samuel Morris
Sojourner Truth

Available wherever books are sold.

Or order from: Barbour Publishing, Inc., P.O. Box 719
Uhrichsville, Ohio 44683
http://www.barbourbooks.com

$2.50 each retail, plus $1.00 for postage and handling per order.
Prices subject to change without notice.